Extra

➤ **GU Serviceseiten**

Vorwort

In Zeiten eines ökologisch orientierten Umdenkens in unserer Ernährung führt der »Weg zurück zur Natur« zwangsläufig zum Wild, der allerersten Fleischquelle unserer Vorfahren. Natürliche chemiefreie Ernährung, ständige Bewegung und ein Leben jenseits der Massentierhaltung haben positiven Einfluss auf die Qualität des Fleisches. Erfahren Sie, dass es neben dem klassischen Rehrücken eine bunte Vielfalt köstlicher Wildzubereitungen gibt, die eine gesunde Bereicherung des Speisezettels darstellen – vom herzhaft-einfachen Sauren Lüngerl bis zu raffinierten exotischen Varianten.

1 x 1 des Wildes

1 | Einkauf

Frisches Wild heimischer Herkunft, soweit es tatsächlich aus freier Wildbahn stammt, ist entsprechend den Jagd- und Schonzeiten nur saisonal verfügbar (zum Beispiel Reh und Hirsch von Juni bis Dezember/Januar, Hasen und Federwild im Herbst und Winter).

Tiefgefrorenes Wildbret ist in hervorragender Qualität ganzjährig erhältlich. Der Einkauf von frischem Fleisch erfolgt über den Fachhandel, aber auch über die Feinkostabteilungen größerer Kaufhäuser. Beim Bezug direkt vom Jäger sind in der Regel ganze Tiere abzunehmen.

1 Bei der Verwendung von Tiefkühlprodukten rechtzeitig mit dem Auftauen beginnen.

Das Alter der verwendeten Tiere ist letztlich nur beim Bezug vom Jäger direkt zu erfahren, wenn nicht ausdrücklich beispielsweise Rehkitz, Hirschkalb oder Frischling im Handel angeboten werden. Grundsätzlich gilt, dass das Fleisch jüngerer Tiere zarter und saftiger ist.

2 | Fleischhygiene

Nach der Erlegung eines Tieres sind vom Jäger gesetzlich vorgeschriebene Hygieneregeln zu beachten; eine eigentliche Fleischbeschau wie bei Schlachttieren ist allerdings nur bei Schwarzwild zum Ausschluss eines Trichinenbefalls vorgeschrieben. Für den Import von Wildteilen sind jedoch im Rahmen von EG-Richtlinien strenge Maßstäbe gesetzt worden.

3 | Lagerung

Mangels durchgehender Kühlketten wurde das Wild bis zur Mitte des letzten Jahrhunderts noch in althergebrachter Weise längere Zeit in der Decke (Fell) abgehangen, wodurch nach und nach der sogenannte »Hautgoût« entstand. Um diesen letztendlich durch Fäulnisvorgänge entstehenden Geruch und Geschmack zu mildern, wurde das Fleisch in die verschiedensten Beizen (z. B. Buttermilch, Wein, Essig) eingelegt. Auf Grund der heutigen Kühlmöglichkeiten sind Beizen nurmehr erforderlich, wenn man der Speise ein besonderes Aroma verleihen möchte.

Frisches Wildbret sollte nicht länger als 2–3 Tage im Kühlschrank aufbewahrt werden. Für gefrorenes Fleisch gelten die jeweils angegebenen Lagerungsfristen. Je eher die Ware jedoch zum Verzehr kommt, desto besser ist in der Regel die Qualität. Werden frische Wildteile eingefroren, empfiehlt es sich, diese erst unmittelbar vor dem Zubereiten zu parieren (siehe Seite 25), da so ein Austrocknen verzögert wird.

4 | Nährwert

Das Fleisch von Wildtieren verfügt gegenüber dem von Schlachttieren über einen

Wild

modern und einfach

> Autorin: **Sabine v. Imhoff** | Fotos: **Michael Brauner**

Inhalt

Die Theorie

Die Rezepte

geringeren Fettanteil (nur bis ca. 8 %) sowie über einen höheren Eiweißgehalt (ca. 20 %). Die Kalorienzahl beträgt daher etwa nur die Hälfte von herkömmlichem Fleisch; der Choleringehalt gleicht etwa dem von magerem Rind- und Schweinefleisch.

5 | Auftauen

Zum Auftauen größerer Fleischstücke empfiehlt es sich, diese mindestens 12 Std. vor der Zubereitung aus dem Gefriergerät zu nehmen und sie langsam, nicht über Zimmertemperatur, aufzutauen. Das Fleischstück sollten Sie dabei auf eine Untertasse

Die Flüssigkeit der Marinade oder Beize gibt dem Fleisch zusätzliche Saftigkeit.

setzen, damit es nicht im Fleischsaft zu liegen kommt. Schnelles Auftauen in der Mikrowelle sollte »Notfällen« vorbehalten bleiben. Größere Teile oder Fleisch von älteren Tieren zum Auftauen in Buttermilch einlegen.

6 | Speck und Spicken

Das früher häufig übliche Spicken von Wild mit Speck ist weitgehend aus der Mode gekommen, das Belegen von Fleischteilen mit Speck dagegen kann dem Gericht ein zusätzliches Aroma verleihen und beim Garen im Umluft-Backofen ein zu starkes Austrocknen vermeiden. Je nach Zubereitung werden entweder durchwachsener Speck oder geräucherter fetter Speck verwendet. Grüner (ungeräucherter) Speck wird vielfach für die Zubereitung von Pasteten, Terrinen und Rilletes eingesetzt.

7 | Marinieren

Durch Marinieren des Fleisches kann ein besonderes Aroma erzielt werden. So ergibt eine wie auf Seite 8

Speck kann Geschmacksgeber sein und Austrocknen verhindern.

beschriebene Rotweinmarinade eine erprobte Variante zu den früher vornehmlich verwendeten Mischungen auf Buttermilch- oder Essiggrundlage. Größere gefrorene Wildstücke legen Sie zum Auftauen in Buttermilch ein, um so einen zu intensiven Wildgeschmack (insbesondere bei Schwarzwild) abzumildern.

Unser Wild in der Küche

  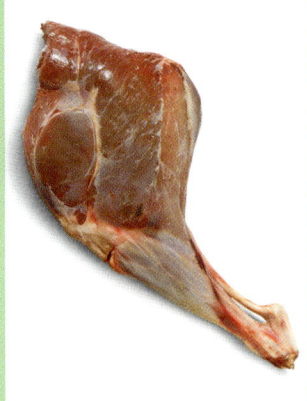 

Reh
Die wohl bekannteste Wildart nimmt auch in der Küche den Spitzenplatz ein. Es werden wegen der weiten Verbreitung ausschließlich frei lebende Tiere verwendet. Die besten Stücke sind Rücken und Keule. Das Fleisch vom Rehkitz kann als besondere Delikatesse gelten. Hier ist es zu überlegen, direkt vom Jäger ein ganzes Stück zu kaufen und entsprechend einzufrieren (2 x Schulter, 2 x Keule, Ziemer, Nacken, Rücken, Brust- und Bauchfleisch).

Rothirsch
Das Fleisch stammt vorwiegend aus freier Wildbahn, teilweise auch aus Gatterhaltung. Herkunftsländer sind Mittel- und Osteuropa. Die besten Stücke sind auch hier Rücken und Keule; etwas teurer, jedoch besonders zart ist Wildbret vom Hirschkalb.
Ein im Ganzen gebratener Hirschkalbsrücken oder eine Keule vom Hirschkalb ergeben ein edles Gericht für 8–10 Personen. Im Ganzen angerichtet und am Tisch tranchiert besonders eindrucksvoll.

Damhirsch
Der kleinere Verwandte des Rothirsches hat zartes, etwas helleres Fleisch und stammt vielfach aus Gatterhaltung. Hier sind ebenfalls Rücken und Keule die zu bevorzugenden Teile. Die Verfügbarkeit von Damhirsch-Wildbret unterliegt auch regionalen Gegebenheiten. Es sollte daher immer vorbestellt werden, soweit frische Ware zur Verwendung kommen soll. Natürliches Vorkommen ist im Norden und in der Mitte Deutschlands häufiger als im Süden.

Wildschwein (Schwarzwild)
Herkunft aus Mittel-Osteuropa. Da ältere insbesondere männl Stücke häufig einen unangenehmen Beig schmack haben, ist b dieser Wildart beson ders auf das Alter de verwendeten Stücke achten. Für die Küch am besten geeignet i Fleisch von maximal einem Jahr alten Tier (Frischlinge).

ase und Wild-
aninchen

r Hase und sein
leinerer Bruder«, das
ninchen, spielen seit
her eine große Rolle
der Wildküche. Das
eisch von einem aus-
wachsenen ganzen
asen ist ausreichend
r 4–5 Portionen, ein
ildkaninchen ergibt
r 2–3 Portionen.
ildkaninchen sind
eutlich kleiner als
auskaninchen.

Fasan

Der zu den Hühner-
vögeln zählende Fasan
stellt eine besondere
Delikatesse dar.
An frei lebendem Wild
werden in der Regel nur
Hähne angeboten, da
die Hennen aus Gründen
der Bestandserhaltung
in der Regel nicht bejagt
werden. Teilweise stam-
men die Tiere jedoch aus
Zuchten. Werden die
Tiere noch im Federkleid
gekauft, so sind die ge-
schmacklich besseren
jungen Tiere am nur
gering ausgebildeten
Sporn oberhalb der
Zehen zu erkennen.

Wildente

Wildenten sind kleiner
als Hausenten. Sie wer-
den wegen ihres aroma-
tischen und mageren
Fleisches geschätzt.
Meist werden sie im
Ganzen zubereitet.
Wegen der schwer zu
entfernenden Feder-
kiele werden Wildenten
manchmal nicht gerupft,
sondern gehäutet. Sie
können – auch gefüllt –
im Ganzen zubereitet
werden, alternativ sind
nur Brust und Keulen zu
verwenden, da Rücken
und Flügel ohnehin
kaum Fleisch tragen.

Wachtel

Wachteln stammen
heutzutage ausschließ-
lich aus Zuchtbetrieben
und sind daher ganz-
jährig in gleichbleiben-
der Qualität verfügbar.
Die Wachteln gehören
wie Rebhuhn und Fasan
zu den Hühnervögeln.
Sie werden küchenfertig
angeboten und in der
Regel im Ganzen, meist
gefüllt, zubereitet.

7

Grundrezept

Die ideale Basis als Bratflüssigkeit, Saucen- oder Suppengrundlage ist Wild- bzw. Geflügelfond. Beide sind auch als Fertigprodukt erhältlich – ideal für Eilige. Selbst gemachter Fond schmeckt allerdings noch aromatischer. Nach diesem Rezept ist er ganz einfach herzustellen.

Wildfond

FÜR 1 L

➤ 1 Bund Suppengrün
50 g geräucherter Speck
2 EL neutrales Öl
1 kg Wildknochen
500 g Fleischabschnitte (vom Wild bzw. Geflügel)
2 Lorbeerblätter | 5 Nelken
10 Wacholderbeeren
15 g getrocknete Pilze
20 weiße Pfefferkörner
1 Rosmarinzweig
125 ml Madeira (für Geflügelfond Weißwein)

Rotweinmarinade

20 Wacholderbeeren, 20 Pfefferkörner, 6 Nelken, 2 Zimtstangen und 4 Lorbeerblätter im Mörser zerdrücken. Das Fleisch damit einreiben und in eine Schüssel legen. 2 EL Preiselbeerkompott darauf verteilen. 750 ml trockenen Rotwein darüber gießen und abgedeckt ca. 12 Std. ruhen lassen.

Filetstücke genauso würzen, in ein mit Rotwein getränktes Tuch einschlagen.

1 *Suppengrün putzen, mit dem Speck grob würfeln. Im erhitzten Öl Knochen und Fleisch kräftig braun anbraten. Möhren, Sellerie und Speck zufügen, unter Wenden anbraten.*

2 *Die Gewürze im Mörser zerstoßen und mit Lauch und Rosmarin zufügen. Mit Madeira ablöschen. Mit 2 1/2 l kaltem Wasser auffüllen.*

3 *Zugedeckt im Backofen bei 180° (unten, Umluft 160°) 2 Std. 30 Min. köcheln lassen. Fond durch ein Sieb passieren.*

Fond klären

Zu Kurzgebratenem können Sie aus vorzugsweise selbst zubereitetem Wildfond eine perfekte Sauce herstellen. Dazu muss der Fond zunächst geklärt werden, wie rechts beschrieben. Auch können Sie mit etwas Portwein oder Madeira den Bratensatz auflösen und mit heißem Wasser oder Fond aufkochen und anschließend reduzieren. Um einer Sauce die richtige Konsistenz zu verleihen, bietet sich an, sie zu binden. Für helle klare Saucen verwendet man Speisestärke. Je nach Menge 1–2 EL Stärkepulver oder auch Mehl in etwas kaltem Wasser anrühren und in die kochende Sauce einrühren. Wichtig ist gründliches Aufkochen. Besonders fein werden Saucen, wenn man vor dem Anrichten 1 EL gefrorene Butter zugibt und die Sauce sofort mit dem Pürierstab »aufmontiert«. Fette, etwas inhomogene Saucen lassen sich durch Zufügen von kochendem Wasser und Aufmixen mit dem Pürierstab glätten.

Zutaten pürieren

300 g Wildfleisch (Haxe oder Gulasch) ohne Haut und Sehnen mit 80 g Möhren und 60 g Petersilienwurzel, geputzt und in grobe Würfel geschnitten, in der Küchenmaschine pürieren. In einen großen Topf geben.

Fond vorbereiten

60 g Lauch in Ringe schneiden. Jeweils 6 zerdrückte Pfefferkörner und Wacholderbeeren, 1 Knoblauchzehe, 1 Thymianzweig, 4 Eiweiße und die zerstoßenen Schalen von 2 Eiern sowie 1 Liter kaltem Wildfond (siehe S. 8) zufügen.

Garen

Die Brühe mit allen Zutaten vermengen und unter Rühren zum Kochen bringen. Auf kleiner Hitze ohne Rühren 45 Min. leise köcheln lassen.

Fertig stellen

Die Brühe anschließend durch ein mit einem Passiertuch ausgelegtes Sieb in einen sauberen Topf abgießen und nach Bedarf weiterverwenden.

Beilagenrezepte

Sahne-Spitzkohl

1 kg Spitzkohl putzen und in feine Streifen schneiden, in kochendem Salzwasser 5 Min. blanchieren, eiskalt abschrecken und abtropfen lassen. 2 fein gehackte Schalotten in einem großen Topf mit 4 EL Wasser und 1 EL Zucker leicht karamellisieren. Mit 1 EL Estragonessig ablöschen, sofort 1 EL Butterschmalz zugeben und die Schalotten glasig dünsten. Den Spitzkohl zufügen, mit 1/2 l Geflügelfond auffüllen und einköcheln lassen. 100 g Sahne zufügen und aufkochen. 1 TL Speisestärke mit etwas Wasser anrühren und die Sahne damit binden. Gehackte Petersilie oder Schnittlauchröllchen unterheben.

Rotkohlstrudel

750 g tiefgefrorenen Rotkohl auftauen lassen. Backofen auf 200° vorheizen. Ein Päckchen fertigen Strudelteig auf einem bemehlten Geschirrtuch ausbreiten. 3 EL Butter schmelzen. Den Teig mit Butter bepinseln und mit 1 EL Semmelbrösel bestreuen. Den Rotkohl darauf verteilen und aufrollen. Auf ein mit Backpapier ausgelegtes Blech legen, buttern und im Backofen bei 200° (unten, Umluft 180°) 25–30 Min. goldgelb backen, dabei öfter mit Butter bepinseln. 5 Min. ruhen lassen.

Rotkohl mit Pfiff

1 Glas Rotkohl mit 3 Äpfeln, in Spalten geschnitten, 1 Std. köcheln lassen. Nach 45 Min. 1/2 Glas Kirschmarmelade zufügen. Auf ein Sieb abgießen, servieren.

Chinesische Gemüsenudeln

Nudelwasser aufsetzen. 2 Knoblauchzehen, 500 g Möhren und 500 g Staudensellerie putzen. Die Möhren grob raspeln, den Sellerie in feine Streifen schneiden. 400 g japanische Weizennudeln »Chuka Soba« (ersatzweise feine Bandnudeln) ins kochende Wasser geben und nach Packungsanweisung bissfest garen. 3 EL Olivenöl erhitzen, die Knoblauchzehen dazu pressen. Die Möhren, den Sellerie und 2 EL frisch gehackten Ingwer zufügen. Bei mittlerer Hitze etwa 6–8 Min. bissfest dünsten. Mit 6 EL chinesischer süß-saurer Sauce, Salz und Pfeffer würzen. Die Nudeln abgießen und mit dem Gemüse mischen.

Steinpilze für Gourmets

500 g Steinpilze putzen und in Scheiben schneiden. 2 Knoblauchzehen schälen und halbieren, eine große Pfanne damit ausreiben. 2 EL Öl und 1 EL Butter darin erhitzen. Die Pilze zugeben und goldbraun braten. Mit 1 TL Aceto balsamico und 100 g Sahne ablöschen, ganz kurz einköcheln lassen und mit Salz, Pfeffer und der Petersilie abschmecken.

uittengemüse

g Frühstücksspeck wür-
n und in einer Pfanne
it 1 EL Butter auslassen.
EL Rosmarinnadeln kurz
tbraten und in eine
hüssel geben. 4 Quitten
hälen und in Spalten
hneiden. Mit 150 ml
felsaft und 1 EL Birnen-
cksaft in einem Topf
wa 10 Min. dünsten.
0 g Schalotten schälen
d halbieren. 1 EL Butter
der Pfanne erhitzen. Die
halotten anbraten, mit
EL Aceto balsamico
löschen und 100 ml
rtwein sowie 125 ml
ildfond zufügen. Die
halotten weich köcheln.
e Quitten unter die
halotten heben und
it dem Rosmarin-Speck
streuen.

Glasierte Rote Beten mit Rosmarin

8 kleine Rote Beten wa-
schen und in Salzwasser
mit 50 ml Obstessig und
1/2 TL Kümmel in etwa
1 Stunde nicht zu weich
köcheln lassen. Die Knol-
len abschrecken, schälen
und je nach Größe vierteln
oder achteln. 1 TL Zucker
mit 1 EL Butter in einer
Pfanne goldgelb karamel-
lisieren lassen. Die Nadeln
von 3 Rosmarinzweigen
zufügen. Die Rote Beten
in der Pfanne schwenken,
bis sie heiß sind. Mit Salz
und Pfeffer abschmecken.

Tipp: Zum Schälen und
Schneiden der weichge-
kochten Knollen sollten
Sie Küchenhandschuhe
(oder Gummi- bzw. Ein-
malhandschuhe) tragen,
da sich der rote Farbstoff
nur mühsam von den Hän-
den entfernen lässt.

Holundersauce

2 Schalotten schälen, vierteln und in einen weiten
Topf geben. 400 ml Wild-
fond, 2 EL Himbeeressig
(ersatzweise Rotwein-
essig), 1 EL Holunder-
blütensirup (aus dem
Reformhaus), 125 ml Ho-
lunderbeerensaft, 125 ml
Rotwein und 10 Pfeffer-
körner zufügen. Bei klei-
ner Hitze um etwa ein Drit-
tel der Menge einköcheln
lassen. Die Sauce durch
ein Sieb abgießen. Mit
1 TL Speisestärke, in kaltem Wasser angerührt,
binden und mit Salz und
Pfeffer würzen.
TIPP: Eignet sich hervor-
ragend zu Rehrückenfilet
sowie zu kurzgebratenen
Reh- oder Hirschmedail-
lons.

Wildsahnesößchen

4 geschälte Schalotten
und 1 Knoblauchzehe,
150 g geputzte Pfiffer-
linge und 70 g durch-
wachsenen Speck würfeln.
2 EL Olivenöl in einem
weiten Topf erhitzen und
alles darin andünsten. Mit
1 EL Aceto balsamico abló-
schen, 1 Thymianzweig,
400 ml Wildfond und
200 g Sahne zufügen. Das
Ganze auf die Hälfte der
Menge einköcheln lassen.
Die Sauce sehr fein pürieren und durch ein Sieb
streichen. Erwärmen, mit
Salz und Pfeffer ab-
schmecken.

Vorspeisen, Suppen, Salate und Pasteten

Ob als Auftakt zu einem kompletten Wild-Menü, als attraktive Vorspeise oder als kleines edles Gericht: Mit diesen raffinierten Rezepten lernen Sie Wild von einer neuen Seite kennen. Klare und gebundene Suppen, ein »Strammer Max« wie Sie ihn bisher nicht kennen, Rillettes und Pasteten bilden den Start in die Wildküche. Oder haben Sie Lust auf die Crossover-Kreation Wachteln am Spieß?

Blitzrezepte

Strammer Max von der Wachtel

FÜR 4 PERSONEN

➤ 2 Scheiben Schwarzbrot | 4 EL Butter
1/2 Päckchen Kresse | 4 Wachteln
Salz | Pfeffer | 1 EL Olivenöl
4 Wachteleier | 1 Plätzchenausstecher
in Herzform

1 | Aus dem Brot vier Herzen ausstechen, buttern und mit Kresse bestreuen.

2 | Die Wachtelbrüste und -keulen auslösen (siehe Seite 55). Salzen und pfeffern. 1 EL Butter mit dem Olivenöl in einer Pfanne erhitzen und das Fleisch von jeder Seite 2–3 Min. goldbraun braten. Die restliche Butter in einer kleinen Pfanne erhitzen, Wachtel-Spiegeleier braten. Je ein Brüstchen mit Ei, Brot und Keulen anrichten.

Rehfilets mit Feldsalat

FÜR 4 PERSONEN

➤ 150 g Feldsalat | 4 EL Olivenöl | 2 EL
Kürbiskernöl | 2 EL Aceto balsamico
1 EL Himbeeressig | Salz | Pfeffer
1 Granatapfel | 4 »echte« Rehfilets
à 70 g (siehe Tipp S. 25) | 1 EL Butter
1 EL Rosmarinnadeln

1 | Den Salat putzen. Aus Olivenöl, Kürbiskernöl, Balsamicoessig, Himbeeressig, Salz und Pfeffer ein Dressing rühren. Granatapfel aufschneiden, seinen Saft zur Sauce geben, Kerne beiseite stellen.

2 | Das Fleisch mit Salz und Pfeffer würzen und in der heißen Butter mit dem Rosmarin 2–3 Min. braten. Den Salat mit der Marinade mischen und mit den Granatapfelkernen und den Filets anrichten.

gut vorzubereiten

Rehconsommé

FÜR 4 PERSONEN

➤ 1 l geklärter Wildfond
(siehe Seite 9)
4 mittelgroße Steinpilze
1 El Olivenöl
1 EL Butter
Salz | Pfeffer
140 g »echte« Rehfilets
(siehe Tipp Seite 25)

◷ Zubereitung: 20 Min.
➤ Pro Portion ca.: 330 kcal

1 | Den Wildfond aufkochen
und köcheln lassen.

2 | Steinpilze putzen und in
Scheiben schneiden. Das Olivenöl und die Butter in einer
Pfanne erhitzen. Die Pilz-
scheiben goldbraun braten,
mit Salz und Pfeffer würzen
und beiseite stellen.

3 | Die Filets mit Salz und
Pfeffer einreiben und im
Bratfett 1–2 Min. anbraten.
Das Fleisch in feine Scheiben
schneiden und mit den Pilzen
in vorgewärmte Suppen-
tassen legen. Mit dem heißen
Wildfond übergießen und
servieren.

für Gäste
braucht etwas Zeit

Fasanen-consommé

FÜR 4 PERSONEN

➤ 2 Fasane
1 Bund Suppengrün
Salz
3 EL Sherry
3 Eiweiße
3 EL Öl
1 Thymianzweig
1 Lorbeerblatt
2 l Geflügelfond
Pfeffer
1 Zweig Kerbel

◷ Zubereitung: 1 Std.
◷ Garzeit: 4 Std.
➤ Pro Portion ca.: 240 kcal

1 | Die Fasanenbrüste und
-keulen auslösen. Das Suppengrün putzen und in kleine
Würfel schneiden.

2 | Das Fleisch einer Brust
und der Keulen mit der
Hälfte des Suppengrüns
in der Küchenmaschine mit
dem Schneidmesser pürieren
und salzen. Mit 2 EL Sherry
und den Eiweißen vermen-
gen und kalt stellen.

3 | Die zerkleinerten Fasanen-
knochen (Karkasse) im Öl
braun braten. Das restliche
Suppengrün zugeben, anbraten. Den Thymianzweig und
das Lorbeerblatt einlegen.

4 | Den Geflügelfond angie-
ßen und im offenen Topf
3 Std. köcheln lassen. Durch
ein Sieb passieren und kalt
stellen.

5 | Das pürierte Fleisch in
einen Topf geben, mit dem
kalten Fond unter Rühren
langsam aufkochen und
45 Min. köcheln lassen.

6 | Durch ein mit einem
Passiertuch ausgelegtes Sieb
abgießen. Mit Salz, Pfeffer
und Sherry abschmecken.

7 | Die zweite Fasanenbrust
salzen und pfeffern und in
einer Pfanne von beiden Seiten in 5–7 Min. goldbraun
braten. In feine Streifen
schneiden und auf vorge-
wärmte Suppenteller verteilen. Mit sehr heißer Suppe
übergießen und mit Kerbel-
blättchen garniert servieren.

crossover | exotisch

Wachteln am Spieß

FÜR 4 PERSONEN

➤ 4 EL Olivenöl
4 EL Limettensaft
2 EL Akazienhonig
1/4 TL gem. Koriander
Salz | Pfeffer
4 Wachteln
8 Crevetten ohne Schale
1 kleine reife Mango
8 kleine Rosmarinzweige
4 Scheiben durchwachsener Speck
8 schwarze Oliven ohne Stein
1 EL Butter | 1 EL Zucker
400 ml Geflügelfond
1 TL Speisestärke
4 Holzspieße (18 cm lang)

🕐 Zubereitung: 40 Min.
➤ Pro Portion ca.: 575 kcal

1 | Backofen auf 200° vorheizen. Das Öl mit Limettensaft, Honig, Koriander, Salz und Pfeffer vermischen. Wachteln und Crevetten innen und außen mit dem Würzöl bepinseln. Mango schälen und Spalten schneiden. 4 Spalten zum Aufspießen halbieren.

2 | Jede Wachtel mit 2 Rosmarinzweigen in einer Speckscheibe einwickeln, aufspießen und zu beiden Seiten je 1 Olive, 1 Crevette und 1 Mangostück aufstecken. Die Spieße mit restlicher Marinade beträufeln und im Backofen (Mitte, Umluft 180°) 15 Min. braten.

3 | Zwischenzeitlich die restlichen Mangospalten mit der Butter und dem Zucker karamellisieren lassen. Die Spieße unter zweimaligem Wenden (Brustseite zum Schluss nach oben) bei höchster Grillstufe 2 Min. bräunen. Den Bratfond mit dem Geflügelfond lösen und aufkochen. Stärke mit kaltem Wasser anrühren und den Fond damit binden. Die Spieße mit den Mangoschnitzen und der Sauce servieren.

für Gäste | gelingt leicht

Rahmsüppchen vom Reh

FÜR 4 PERSONEN

➤ 800 ml Wildfond
400 g Sahne
3 EL Noilly Prat
250 g Pfifferlinge
2 Schalotten | 2 El Olivenöl
Salz | Pfeffer
2 Rehfilets (je etwa 70 g)
1 EL Thymianblättchen

🕐 Zubereitung: 40 Min.
➤ Pro Portion ca.: 625 kcal

1 | Wildfond mit Sahne und Noilly Prat köchelnd auf etwa die Hälfte reduzieren.

2 | Zwischenzeitlich die Pfifferlinge putzen und klein schneiden. Schalotten schälen und fein hacken. In 1 EL Olivenöl in der Pfanne 1–2 Min. andünsten. Pfifferlinge zufügen, 5–7 Min. braten und mit Salz und Pfeffer würzen. Die Hälfte der Pilze zur Suppe geben und sehr fein pürieren.

3 | Die Rehfilets salzen und pfeffern. 1 EL Olivenöl erhitzen und das Fleisch 2–3 Min. rosa anbraten. Die restlichen Pilze erwärmen, die Filets in sehr feine Scheiben schneiden und beides in vorgewärmte Suppentassen verteilen. Die heiße Suppe vor dem Einfüllen nochmals mit dem Pürierstab aufschäumen. Mit Thymian bestreuen.

gut vorzubereiten

Fasanen-Terrine

FÜR 1 TERRINENFORM
(1 L INHALT)

➤ 4 Fasanenbrüste (750 g)
Pfeffer | Koriander
Muskatnuss
4 EL Cognac
2 Schalotten | 1 EL Butter
125 ml Weißwein
2 Scheiben Toastbrot
ohne Rinde
Salz
300 g eiskalte Sahne
1 Eiweiß
25 g Pistazien (gehackt)
2 Scheiben grüner Speck

🕐 Zubereitung: 1 Std.
🕐 Garzeit: 1 Std.
🕐 Ruhezeit: 24 Std.
➤ Pro Portion ca.: 765 kcal

1 | 2 Fasanenbrüste mit Pfeffer, Koriander und Muskatnuss würzen. Mit 2 EL Cognac beträufeln. Restliches Fleisch ins Gefrierfach legen.

2 | Schalotten schälen, fein hacken und in der Butter glasig dünsten. Mit Weißwein ablöschen, auf die Hälfte einköcheln und abkühlen lassen.

3 | Das Brot zerbröseln und beiseite stellen. Einen Topf (etwas größer als die Terrinenform) zu 1/3 mit heißem Wasser füllen und im Backofen auf dem Rost (unten) bei 150° heiß halten.

4 | Die eisgekühlten Fasanenbrüste salzen und mit den Schalotten in der Küchenmaschine fein pürieren. Sahne, restlichen Cognac und Eiweiß langsam dazugießen und zu einer glatten Masse verschlagen. Mit Salz, Pfeffer und Muskatnuss würzen. Pistazien unterheben.

5 | Die Hälfte der Farce in die Terrinenform füllen. Die 2 gewürzten Fasanenbrüste der Länge nach darauf legen. Restliche Farce darüber streichen, Terrine auf die Arbeitsfläche stoßen, mit dem Speck belegen und die Form abdecken. Die Terrine ins heiße Wasserbad stellen (sie sollte nur bis zur Hälfte im Wasser stehen). Bei etwa 100° 1 Std. garen. Abkühlen lassen, Speck entfernen und die Terrine aus der Form heben. In Alufolie eingewickelt 24 Std. im Kühlschrank ruhen lassen.

schnell | gelingt leicht

Geräuchertes vom Wild mit Blattsalaten

FÜR 4 PERSONEN

➤ 1 sehr kleiner Friséesalat
8 Blatt grüner Lollo Rosso
8 Blatt roter Eichblattsalat
8 kleine Champignons
6 EL Olivenöl
2 EL Estragonessig
2 EL Limettensaft
1 Msp. Senf
Salz | Pfeffer
100 g Räucherschinken
oder Salami vom Wild

🕐 Zubereitung: 20 Min.
➤ Pro Portion ca.: 240 kcal

1 | Die Salate putzen. Champignons säubern und in Scheiben schneiden.

2 | Das Öl mit Essig, Limettensaft und Senf zu einer Vinaigrette verrühren. Mit Salz und Pfeffer würzen. Den Salat mit der Marinade mischen und mit den Pilzen und dem Aufschnitt anrichten.

gut vorzubereiten

Rehrillettes

FÜR 1 PASTETENFORM
(1L INHALT)

- 2 Knoblauchzehen
  1 Gemüsezwiebel
  2 Möhren
  500 g Schweinebrust
  1 kg Rehfleisch am Knochen (z. B. Ziemer, Nacken oder Schulter)
  Salz | Pfeffer
  2 EL Butterschmalz
  350 ml trockener Weißwein
  400 ml Wildfond
  2 TL Steinpilzhefebrühe (Reformhaus)
  2 Zweige Thymian
  Piment | Muskatnuss

- Zubereitung: 30 Min.
- Garzeit: 2 Std. 30 Min.
- Ruhezeit: 24 Std.
- Pro Portion ca.: 375 kcal

1 | Knoblauch, Zwiebel und Möhren putzen und grob würfeln. Schweinefleisch grob würfeln. Reh- und Schweinefleisch salzen und pfeffern. Butterschmalz erhitzen, Fleisch anbraten. Wein und Wildfond angießen. Steinpilzhefebrühe, Gemüse und Thymianzweige zugeben. Bei schwacher Hitze zugedeckt 2 1/2 Std. köcheln. Abkühlen lassen.

2 | Den Thymian entfernen. Rehfleisch aus dem Sud nehmen, von den Knochen lösen und in mundgerechte Stücke zupfen. Schweinefleisch mit Gemüse und Sud pürieren. Rehfleisch unterheben und mit Salz, Pfeffer, Piment und Muskatnuss abschmecken. 24 Std. ruhen lassen.

gut vorzubereiten

Wildpastete

FÜR 1 PASTETENFORM
(1 1/2 L INHALT)

- 500 g Reh- oder Hirschkalbfleisch
  300 g Schweinenacken
  400 g grüner Speck
  25 g getrocknete Pilze
  2 TL Steinpilzhefebrühe (Reformhaus)
  1/4 TL gemahlener Piment
  8 Wacholderbeeren
  1 Bund Suppengrün
  1 TL Butterschmalz
  250 g Jungrindleber
  2 Eier
  Salz | Pfeffer | Muskatnuss
  50 g Walnusskerne

- Zubereitung: 1 Std.
- Garzeit: 2 Std.
- Ruhezeit: 24 Std.
- Pro Portion ca.: 290 kcal

1 | Das Wildfleisch, den Schweinenacken und den grünen Speck grob würfeln. Speck in einem Topf auslassen und die Fleischwürfel darin anbraten. Mit 1/2 l kaltem Wasser, den Pilzen, der Steinpilzhefebrühe, Piment und Wacholderbeeren 1 Std. köcheln lassen.

2 | Zwischenzeitlich das Suppengrün putzen, würfeln und zum Fleisch geben. Weitere 20 Min. köcheln. Pastetenform mit Butterschmalz fetten.

3 | Das Gekochte abkühlen lassen. Mit dem Schmorfond, der Leber und den Eiern in der Küchenmaschine portionsweise pürieren. Mit Salz, Pfeffer und Muskat würzen. In die Form füllen und im Backofen (unten) bei 150° 50 Min. garen. Kühl gestellt 24 Std. ruhen lassen. Vor dem Servieren mit Walnusskernen belegen.

Schalenwild

Reh, Hirsch, Damwild, Wildschwein und Gams – die »großen Fünf« unserer heimischen Wildarten bereichern jeden Speiseplan. Ob Kurzgebratenes, edles Filet oder große Braten – hier kommt jeder Wildfreund auf seine Kosten. Klassische Zubereitungen und pikante Varianten erwarten Sie.

Blitzrezepte

Hirschkalbssteaks mit Starkbierzabaione

FÜR 4 PERSONEN

➤ 4 Hirschkalbssteaks | Salz | Pfeffer
2 EL Butterschmalz | 2 Eigelbe | 1 Ei
125 ml Starkbier | 1 EL Orangensaft
1 EL Orangenlikör (ersatzweise Oran-
gensaft) | 1 Msp. Zimtpulver

1 | Das Fleisch mit Salz und Pfeffer wür-
zen, im heißen Butterschmalz beidseitig
je 1 Min. anbraten. Bei mittlerer Hitze auf
beiden Seiten 3–4 Min. braun braten.

2 | Zwischenzeitlich die Eigelbe und das
Ei im warmen Wasserbad mit dem Hand-
rührgerät aufschlagen. Nach und nach das
Bier zugießen und die Sauce in 6–8 Min.
cremig rühren. Mit Orangensaft und
-likör sowie dem Zimt abschmecken.

Wildgeschnetzeltes mit Pfeffersauce

FÜR 4 PERSONEN

➤ 3 Schalotten | 600 g ausgelöster
Reh-, Hirsch- oder Hasenrücken | Salz
Pfeffer | 3 EL Olivenöl | 6 EL Cognac
3 TL eingelegte Pfefferkörner | 250 g
Crème double

1 | Die Schalotten schälen und fein hacken.
Das Fleisch in sehr feine Streifen schneiden und mit Salz und Pfeffer würzen.

2 | Das Geschnetzelte in heißem Öl unter
Wenden braun braten. Die Zwiebeln zufügen und glasig dünsten. Mit dem Cognac ablöschen. Die Pfefferkörner und die
Crème double unterrühren, 1–2 Min.
einköcheln lassen und servieren. Dazu
schmecken feine Bandnudeln und Salat.

für Gourmets | Klassiker

Rehrücken rosé

FÜR 4 PERSONEN

➤ 1 Rehrücken (1,2 kg)
   10 Wacholderbeeren
   10 Pfefferkörner
   3 Nelken | 1 Zimtstange
   2 Lorbeerblätter
   1 EL Preiselbeerkompott
   125 ml Rotwein (Bordeaux)
   Salz | Pfeffer
   1 EL Butterschmalz
   1 EL Olivenöl

🕐 Marinierzeit: 4 Std.
🕐 Zubereitung: 30 Min.
➤ Pro Portion ca.: 440 kcal

1 | Den Rehrücken auslösen und wie unten beschrieben vorbereiten. Wacholderbeeren, Pfefferkörner, Nelken, Zimtstange und Lorbeerblätter im Mörser zerdrücken.

2 | Das Fleisch in eine mit einem Leinentuch ausgeschlagene Schüssel legen. Mit den Gewürzen einreiben. Das Preiselbeerkompott mit dem Rotwein verrühren, darüber geben und das Fleisch in dem Tuch eingeschlagen 4 Std. marinieren.

3 | Den Backofen auf 120° (Umluft 100°) vorheizen. Den Rehrücken aus dem Tuch nehmen, gut trockentupfen und mit Salz und Pfeffer würzen. Das Butterschmalz mit dem Öl in einer Pfanne erhitzen. Das Fleisch von jeder Seite 2 Min. anbraten.

4 | Je einen Rückenstrang fest in Alufolie wickeln und so-

fort in den Backofen (unten) legen. 12 Min. bei 120° rosa durchziehen lassen. Alle 4 Min. wenden, damit sich der Fleischsaft gleichmäßig verteilt. Rehrücken aufschneiden und servieren.

➤ Beilagen: Quittengemüse oder Rotkohlstrudel, außerdem Holundersauce oder Wildsahneklößchen (siehe Seite 10/11)
➤ Getränk: Bordeaux

TIPP Die »echten« kleinen Filets an der Rücken-Innenseite sind die zartesten Stücke. Sie lassen sich als Kurzgebratenes verwenden (siehe Seite 13).

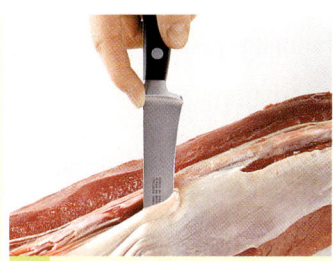

> **1** **Parieren**
> *Mit einem spitzen Messer den Rehrücken von Sehnen und Häutchen befreien.*

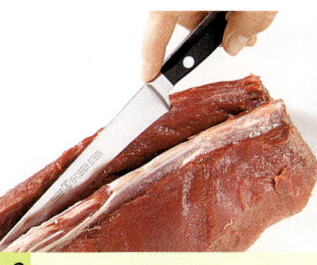

> **2** **Einschneiden**
> *Den Rehrücken entlang der Wirbelsäule der Länge nach bis auf den Knochen einschneiden.*

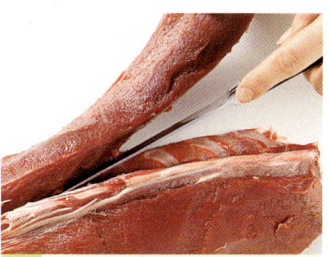

> **3** **Filets auslösen**
> *Mit kleinen Schnitten entlang dem Knochen die Rücken- und Innenfilets herausrennen.*

25

crossover | schnell

Rehfilet im asiatischen Sud

FÜR 4 PERSONEN

➤ **2 EL Zucker**
400 ml Wildfond
100 ml süße Sojasauce
75 ml Reisessig
3 EL chinesische Süß-Sauer-Sauce
1/4 TL Sternanissamen
2 Zimtstangen
1 ausgelöster Rehrücken (ca. 800 g ohne Knochen)
Salz | Pfeffer
100 g Sahne
1 TL Speisestärke

🕐 Zubereitung: 35 Min.
➤ Pro Portion ca.: 490 kcal

1 | Den Zucker bei mittlerer Hitze ganz leicht karamellisieren lassen. Mit dem Wildfond ablöschen. Sojasauce, Reisessig, Süß-Sauer-Sauce, Sternanissamen und Zimtstangen einrühren, 5 Min. köcheln lassen. Den Backofen auf 100° vorheizen.

2 | Das Fleisch von Häutchen und Sehnen befreien. Mit Salz und Pfeffer würzen und in den heißen Sud legen. 10 Min. im offenen Topf leicht köcheln lassen.

3 | Filets aus dem Sud nehmen, in Alufolie wickeln und im Backofen warm halten.

4 | Für die Sauce 1/4 l Sud mit der Sahne aufkochen. Stärke mit kaltem Wasser anrühren, die Sauce damit binden. Fleisch aufschneiden und mit der Sauce servieren.

schnell | macht was her

Rehrücken im Basilikum-Pfannkuchen

FÜR 4 PERSONEN

➤ **125 g Mehl**
250 ml Milch
2 Eier
1 Päckchen TK-Basilikum
2 TL Basilikumpaste (aus dem Glas)
Salz | Pfeffer
1 ausgelöster Rehrücken (ca. 800 g ohne Knochen)
800 ml Wildfond
5 Wacholderbeeren
2 Lorbeerblätter
2 EL Öl

🕐 Zubereitung: 35 Min.
➤ Pro Portion ca.: 655 kcal

1 | Für den Teig das Mehl mit der Milch verschlagen. Eier, gefrorenes Basilikum und Basilikumpaste unterrühren. Mit Salz und Pfeffer würzen.

2 | Das Fleisch von Sehnen und Häutchen befreien. Den Wildfond mit den Wacholderbeeren und den Lorbeerblättern aufkochen lassen und auf schwache bis mittlere Temperatur zurückschalten. Das Fleisch im Fond 10–12 Min. rosa pochieren (darf nicht kochen!).

3 | Zwischenzeitlich in einer großen Pfanne je 1 EL Öl erhitzen und nacheinander zwei dünne Pfannkuchen backen.

4 | Das Fleisch aus dem Fond heben, abtropfen lassen und je einen Rehrückenstrang in einen Pfannkuchen einrollen. In Scheiben aufgeschnitten servieren.

raffiniert | geht schnell

Rehmedaillons mit Nusskruste

FÜR 4 PERSONEN

➤ 2 große Quitten
   100 ml Apfelsaft
   75 g Walnusskerne
   1 Ei
   4 Rehmedaillons à 80–100 g
   Salz | Pfeffer
   2 EL Butterschmalz
   1 TL Ahornsirup

🕒 Zubereitung: 30 Min.
➤ Pro Portion ca.: 325 kcal

1 | Quitten schälen und in 1/2–1 cm dicke Scheiben schneiden, Kerngehäuse entfernen. Mit einer Plätzchenform Herzen ausstechen, im Apfelsaft weich dünsten und beiseite stellen.

2 | Walnusskerne fein hacken. Ei aufschlagen und verquirlen. Rehmedaillons mit Salz und Pfeffer würzen. Im Ei und in den Nüssen wälzen.

3 | Butterschmalz erhitzen und die Medaillons bei schwacher Hitze von jeder Seite 3–4 Min. goldbraun

braten. Ahornsirup auf die Kruste träufeln und die Medaillons mit 1–2 Quittenherzen belegt anrichten.

➤ Beilagen: gratinierte Kartoffeln und das Quittengemüse oder die Holundersauce von Seite 11.

Klassiker | herzhaft

Wildragout in Rotwein

FÜR 4 PERSONEN

➤ 800 g Wildgulasch (Hirschkalb, Reh oder Frischling)
   500 ml Rotwein
   1 Bund Suppengrün
   2 Lorbeerblätter
   3 Gewürznelken
   8 Pfefferkörner
   8 Wacholderbeeren
   1 EL Preiselbeerkompott
   4 El Olivenöl
   Salz | Pfeffer
   1 EL Tomatenmark
   1 Stück Schale einer unbehandelten Zitrone
   400 ml Wildfond
   200 g Sahne | 1 EL Mehl

🕒 Marinierzeit: 24 Std.
🕒 Zubereitung: 1 Std. 45 Min.
➤ Pro Portion ca.: 425 kcal

1 | Das Fleisch mit dem Rotwein und 250 ml Wasser begießen. Suppengrün putzen, klein schneiden und in die Marinade geben. Gewürze, Kompott und 1 EL Olivenöl mit dem Fleisch vermischen und 24 Std. kalt stellen.

2 | Fleisch abgießen, dabei Gemüse und Marinade auffangen. Gulaschwürfel trockentupfen und mit Salz und Pfeffer würzen. 3 EL Olivenöl in einem Bräter erhitzen und das Ragout darin kräftig anbraten. Gemüse zugeben, anbraten und mit dem Tomatenmark und der Zitronenschale mischen. Mit dem Wildfond ablöschen und 1 Std. 15 Min. schmoren lassen. Zwischenzeitlich die Marinade aufkochen, abseihen und nach und nach zum Ragout geben.

3 | Das Fleisch herausheben. Gemüse mit der Flüssigkeit durch ein Sieb in einen Topf passieren. Die Sahne zufügen und köcheln lassen. Mehl mit Wasser anrühren und die Sauce damit binden. Das Fleisch in der Sauce erwärmen, mit Salz und Pfeffer abschmecken.

Klassiker | gelingt leicht

Rehschulter in Cognacsahne

FÜR 4 PERSONEN

➤ 1,2 kg Rehschulter
Salz | Pfeffer
3 EL Öl
400 ml Wildfond
10 Wacholderbeeren
5 Schalotten
100 g flüssige Butter
30 g durchwachsener Speck
2 cl Cognac
100 g Sahne | 1 EL Mehl
1 EL Preiselbeerkompott

⏲ Zubereitung: 30 Min.
⏲ Garzeit: 1 Std. 30 Min.
➤ Pro Portion ca.: 810 kcal

1 | Backofen auf 180° vorheizen. Das Fleisch von Häutchen und Sehnen befreien, salzen und pfeffern. Im Bräter im heißen Öl anbraten und mit 200 ml Wildfond ablöschen.

2 | Die Wacholderbeeren zerdrücken und die geschälten Schalotten zum Fleisch geben. Im Backofen (unten, Umluft 160°) unter häufigem Bepinseln mit Butter und Zufügen des restlichen Fonds 1 Std. 30 Min. braten.

3 | Den Speck fein würfeln und auslassen. Mit Cognac und Sahne ablöschen. Das Fleisch warm stellen und den Bratensaft zum Speck passieren. Mehl mit kaltem Wasser anrühren, die Sauce damit binden und mit Salz, Pfeffer und den Preiselbeeren abschmecken. Zum aufgeschnittenen Fleisch servieren.

preiswert | deftig

Lüngerl vom Reh

FÜR 4 PERSONEN

➤ 1 Bund Suppengrün
300 ml Rotwein
100 ml Rotweinessig
2 Lorbeerblätter
2 Nelken
2 Zitronenscheiben
1 Rehlunge | 1 Rehherz
1 Zwiebel
30 g Butter | 40 g Mehl
6 kleine Gewürzgurken mit Flüssigkeit aus dem Glas
200 g Sahne
2 Zweige Majoran

1 Msp. Senf
1 Spritzer Aceto balsamico
Salz | Pfeffer

⏲ Zubereitung: 50 Min.
⏲ Garzeit: 1 Std. 15 Min.
➤ Pro Portion ca.: 460 kcal

1 | Suppengrün putzen, würfeln und mit Rotwein, Essig und 1/2 l Wasser in einem Topf zum Kochen bringen. Lorbeerblätter, Nelken und Zitronenscheiben zufügen. Lunge und Herz darin 1 Std. leise köcheln lassen.

2 | Die Innereien herausnehmen und abkühlen lassen. Zwischenzeitlich den Sud auf die Hälfte einköcheln lassen und durch ein Sieb passieren. Zwiebel schälen, fein hacken und in der Butter glasig dünsten. Mehl zufügen und anschwitzen. Den Rotweinsud mit 200 ml Gurkenflüssigkeit und der Sahne verrühren, zu den Zwiebeln geben und aufkochen lassen. Innereien und Gewürzgurken in feine Streifen schneiden, mit der Sauce mischen. Mit Majoranblättchen, Senf, Essig, Salz und Pfeffer abschmecken.

Klassiker auf neue Art
Rehleber mit Äpfeln

FÜR 4 PERSONEN

➤ 400 g Schalotten
3 EL Butter
16 Salbeiblättchen
Salz
Pfeffer
2 mittelgroße Äpfel
1 EL Puderzucker
1 EL rosa Pfefferkörner
4 Scheiben Rehleber
Mehl zum Wenden
1 EL Butterschmalz

🕐 Zubereitung: 40 Min.
➤ Pro Portion ca.: 360 kcal

1 | Die Schalotten schälen, in Ringe schneiden und in 1 EL Butter glasig dünsten. In der Zwischenzeit 12 Salbeiblätter in feine Streifen schneiden, zu den Schalotten geben und mit Salz und Pfeffer würzen.

2 | Die Äpfel schälen und in Spalten schneiden. Die restliche Butter in eine Pfanne geben und den Puderzucker karamellisieren. Apfelspalten goldbraun dünsten. Mit rosa Pfeffer bestreuen.

3 | Die Leber mit Pfeffer würzen und in Mehl wenden. Butterschmalz erhitzen, die Leber von jeder Seite 1 Min. anbraten, mit Salz würzen und auf mittlerer Temperatur von jeder Seite 3–4 Min. fertig braten. Schalotten zur Leber geben, erwärmen und mit Apfelspalten und restlichen Salbeiblättchen anrichten.

➤ Beilage: Kartoffelbrei

TIPP Schnell und lecker gelingt das Rezept auch mit Hirschleber. Die Schalotten durch 2 Gemüsezwiebeln ersetzen und den Puderzucker weglassen.

Klassiker auf neue Art
Rehleber mit Tomaten

FÜR 2 PERSONEN

➤ 2 Tomaten
2 Schalotten
1 Knoblauchzehe
2 EL Olivenöl
2 EL Butter
1 EL Aceto balsamico
2 Scheiben Rehleber
Salz | Pfeffer
125 ml Gemüsebrühe
1 Päckchen TK-Provence-Kräuter

🕐 Zubereitung: 30 Min.
➤ Pro Portion ca.: 160 kcal

1 | Die Tomaten kurz überbrühen, häuten, die Kerne entfernen und das Fruchtfleisch würfeln. Die Schalotten und die Knoblauchzehe pellen und fein hacken. 1 EL Öl mit 1 EL Butter in der Pfanne erhitzen und die Schalotten mit der Knoblauchzehe glasig dünsten. Mit dem Essig ablöschen, die Tomaten zufügen und bei schwacher Hitze 5 Min. köcheln lassen.

2 | Die Leber in feine Streifen schneiden und in 1 EL Öl und 1 EL Butter unter Wenden 5 Min. braten. Mit Salz und Pfeffer würzen, aus der Pfanne heben und beiseite stellen. Die Gemüsebrühe in die Pfanne geben und 5 Min. einköcheln lassen. Tomaten, Leber und die Provence-Kräuter zur Brühe geben, erwärmen und mit Salz und Pfeffer abschmecken.

für Gäste | macht was her

Gefüllte Rehkeule

FÜR 6–8 PERSONEN

➤ 1 Schweinenetz

180 g Pfifferlinge

4 Frühlingszwiebeln

1 EL Butterschmalz

75 g durchwachsener Speck

1 Bund Petersilie

1 Bund Suppengrün

200 g Rehfleisch

100 g grüner Speck

Salz | Pfeffer

Muskatnuss

2,2 kg ausgelöste Rehkeule mit Knochen

400 ml Wildfond

1 EL Speisestärke

🕐 Zubereitung: 45 Min.

🕐 Garzeit: 1 Std. 30 Min.

➤ Pro Portion ca.: 480 kcal

1 | Das Schweinenetz in kaltem Wasser einweichen. Pfifferlinge putzen und würfeln. Frühlingszwiebeln putzen und in feine Ringe schneiden. Pfifferlinge in 1/2 EL heißem Butterschmalz anbraten. Frühlingszwiebeln zugeben und bissfest dünsten. Den Speck sehr fein würfeln, zu den Pilzen geben, auslassen und beiseite stellen.

2 | Die Petersilie waschen und trockenschütteln, Blättchen fein hacken. Das Suppengrün putzen und in kleine Würfel schneiden. Den Backofen auf 180° vorheizen.

3 | Das Rehfleisch mit dem grünen Speck in einer Küchenmaschine mit Schneidmesser pürieren. Die Pilzmischung mit einem Löffel unterheben. Mit Salz, Pfeffer, Muskatnuss und Petersilie würzen. Rehkeule salzen und pfeffern.

4 | Das Schweinenetz ausdrücken und auf der Arbeitsfläche ausbreiten. Die Rehkeule darauf legen und mit der Füllung bestreichen. Das Fleisch wie eine Roulade aufrollen und in das Schweinenetz einschlagen. An den Seiten eindrehen, evtl. mit der Küchenschere etwas zurechtschneiden.

5 | Das restliche Butterschmalz in einem Bräter erhitzen. Die Knochen mit den Häutchen braun anbraten und an den Rand schieben. Die Knochen je nach Platzbedarf gegebenenfalls herausheben und später wieder dazu legen. Die Rehkeule im Netz mit der Nahtstelle nach unten in den Bräter legen, kurz von einer Seite anbraten. Das Suppengemüse zufügen, anbraten und mit 100 ml Wildfond begießen. Im geschlossenen Bräter 1 Std. 30 Min. im heißen Ofen (unten, Umluft 160°) braun braten. Dabei einige Male mit Fleischsaft begießen.

6 | Den Braten herausheben und in Alufolie wickeln. Bratensaft durch ein Sieb in einen Topf passieren und mit dem restlichen Wildfond aufkochen lassen. Die Stärke mit kaltem Wasser anrühren und den Fond damit binden. Mit Salz und Pfeffer abschmecken. Das Fleisch aufschneiden, mit der Sauce servieren.

Klassiker
Rehkeule mit Backpflaumen

FÜR 4 PERSONEN

- 250 g Backpflaumen ohne Kern
  1/2 Zimtstange
  500 ml Rotwein
  1 Bund Suppengrün
  1,4 kg Rehkeule
  Salz | Pfeffer
  3 EL Öl
  1 TL Tomatenmark
  3 Zweige Thymian
  400 ml Wildfond
  1 EL Speisestärke

- Quellzeit: 12 Std.
- Zubereitung: 30 Min.
- Garzeit: 1 Std. 30 Min.
- Pro Portion ca.: 770 kcal

1 | Die Pflaumen mit dem Zimt und dem Rotwein 12 Std. quellen lassen. Backofen auf 180° vorheizen. Das Suppengrün putzen und klein schneiden. Das Fleisch von Häutchen und Sehnen befreien, mit Salz und Pfeffer würzen und im Bräter im heißen Öl rundherum braun anbraten. Das Gemüse, Tomatenmark und 2 der Thymianzweige zufügen, anbraten und mit dem Fond ablöschen.

2 | Zugedeckt im Backofen (unten, Umluft 160°) unter häufigem Begießen mit dem Fond 1 Std. braten. Die Pflaumen in Rotwein zufügen und weitere 30 Min. garen. Das Fleisch herausnehmen und warm stellen. Die Pflaumen herausheben. Bratensaft durch ein Sieb passieren und mit der mit kaltem Wasser angerührten Speisestärke durch Aufkochen binden. Die Pflaumen wieder zur Sauce geben, den Braten aufschneiden und mit dem restlichen Thymian bestreut servieren.

deftig | preiswert
Wildgulasch mit grünen Bohnen

FÜR 4 PERSONEN

- 1 Gemüsezwiebel
  800 g Rehgulasch (ersatzweise Hirschkalb)
  Salz | Pfeffer
  3 El Olivenöl
  1 EL Tomatenmark
  300 ml Wildfond
  1 Zweig Bohnenkraut
  500 g grüne TK-Bohnen
  500 g Tomaten
  1 EL Mehl

- Zubereitung: 1 Std. 45 Min.
- Pro Portion ca.: 530 kcal

1 | Die Zwiebel schälen und fein hacken. Das Fleisch mit Salz und Pfeffer würzen. Das Öl in einem Bräter erhitzen und das Fleisch darin kräftig anbraten. Zwiebeln zufügen, unter Wenden rasch andünsten. Tomatenmark einrühren und mit dem Wildfond ablöschen. Das Bohnenkraut einlegen. Bei schwacher Hitze im geschlossenen Topf 1 Std. 15 Min. schmoren lassen.

2 | Die Bohnen in Salzwasser 10 Min. garen und abgießen. In der Zwischenzeit die Tomaten kurz überbrühen, häuten und würfeln.

3 | Das Bohnenkraut entfernen. Mehl mit kaltem Wasser anrühren und das Gulasch damit durch Aufkochen binden. Die Tomaten und die Bohnen unterheben. Mit Salz und Pfeffer abschmecken.

für Festtage
Hirschkalbsrücken mit Maronenkruste

FÜR 6–8 PERSONEN

- 2 EL Zucker
  250 g gegarte Maronen (vakuumverpackt)
  60 g Butter | 1 Ei
  1 kleine Birne
  Salz | Pfeffer
  1 Msp. Zimtpulver
  1 Msp. gem. Sternanis
  2 kg Hirschkalbsrücken am Knochen
  2 EL Butterschmalz
  1 EL Semmelbrösel
  400 ml Wildfond
  100 g Sahne
  250 ml Rotwein
  1 EL Speisestärke

- Zubereitung: 20 Min.
- Garzeit: 60 Min.
- Pro Person ca.: 675 kcal

1 | 100 ml Wasser mit dem Zucker aufkochen. Die Maronen zufügen und 2 Min. köcheln, dann abkühlen lassen. Die Butter schaumig rühren und mit dem Ei verschlagen. Die Hälfte der abgekühlten Maronen aus der Flüssigkeit heben und in der Butter pürieren. Die Birne schälen, Kerngehäuse entfernen, fein würfeln und unter die Maronenbutter heben. Mit Salz und Pfeffer, dem Zimt- und Sternanispulver abschmecken.

2 | Backofen auf 240° vorheizen. Den Hirschkalbsrücken von Sehnen und Häutchen befreien, mit Salz und Pfeffer würzen. Im Bräter in dem heißen Butterschmalz rundherum 3–5 Min. braun anbraten. Herausheben und auf der Fleischseite leicht mit Semmelbröseln bestreuen. Mit der Maronenpaste dünn bestreichen.

3 | Mit dem Knochen nach unten zurück in den Bräter legen. Im heißen Backofen (unten, Umluft 220°) offen 10 Min. braten. 200 ml Wildfond vorsichtig seitlich in den Bräter gießen (nicht über die Kruste!). Deckel auflegen, Ofen auf 180° (Umluft 160°) zurückschalten und das Fleisch 40 Min. braten.

4 | Den Hirschrücken auf eine feuerfeste Platte legen und weitere 10 Min. bräunen. Zwischenzeitlich auf der Herdplatte den Bratfond mit dem restlichen Wildfond ablöschen. Die restlichen Maronen und 3 EL der Flüssigkeit sowie Sahne und Rotwein zufügen und 5 Min. köcheln lassen. Speisestärke mit kaltem Wasser anrühren und die Sauce damit binden. Das Fleisch vom Knochen lösen, aufschneiden und mit der Sauce anrichten.

- Beilage: Nudeln, Spätzle, Semmelknödel und Rotkohl oder Waldpilze
- Getränk: nicht zu schwerer Burgunder Rotwein

für Gäste

Damhirsch in Balsamico

FÜR 6 PERSONEN

➤ 1 Damhirschoberschale ohne Knochen (1,6 kg)

0,75 l Rotweinmarinade (siehe Seite 8)

1 Bund Suppengrün

Salz | Pfeffer

1 EL Zucker

75 ml Aceto balsamico

1 EL Butterschmalz

400 ml Wildfond

Saft von 4 Orangen

1 EL Mehl

200 g saure Sahne

🕐 Marinierzeit: 24 Std.
🕐 Zubereitung: 30 Min.
🕐 Garzeit: 2 Std.
➤ Pro Portion ca.: 503 kcal

1 | Das Fleisch von Häutchen und Sehnen befreien und mit der Rotweinmarinade begießen. 24 Std. kühl stellen.

2 | Suppengrün putzen und grob würfeln. Das Fleisch trockentupfen, salzen und pfeffern. Die Marinade abseihen und auffangen. Backofen auf 180° vorheizen.

3 | In einem Bräter den Zucker karamellisieren, mit dem Balsamico ablöschen, sofort das Butterschmalz zufügen. Das Fleisch, dann das Suppengrün darin braun anbraten. Wildfond und 250 ml Rotweinmarinade angießen und aufkochen.

4 | Das Fleisch im geschlossenen Bräter im Backofen (unten, Umluft 160°) 2 Std. garen, dabei nach und nach mit dem Orangensaft begießen.

5 | Den Braten herausheben und abdecken. Die Sauce in einen Topf passieren, mit Mehl binden und mit der sauren Sahne abschmecken.

raffiniert

Gamskeule mit Hagebutten

FÜR 8 PERSONEN

➤ 2,5 kg Gamskeule

0,75 l Rotweinmarinade (siehe Seite 8)

Salz | Pfeffer

3 EL Öl | 5 Hagebutten

200 g Sahne | 1 EL Mehl

1 EL Hagebuttenmark

🕐 Marinierzeit: 24 Std.
🕐 Zubereitung: 30 Min.
🕐 Garzeit: 2 Std.
➤ Pro Portion ca.: 449 kcal

1 | Die Gamskeule von Häutchen und Sehnen befreien und 24 Std. in die Rotweinmarinade einlegen.

2 | Backofen auf 180° vorheizen. Das Fleisch aus der Marinade heben. Die Marinade im Topf auf etwa 1/2 l einköcheln lassen. Die Keule mit Salz und Pfeffer würzen und im Bräter in heißem Öl rundherum anbraten. Mit 200 ml Marinade ablöschen. Die Hagebutten zugeben. Im geschlossenen Bräter im Ofen (unten, Umluft 160°) 2 Std. braten, dabei mit der restlichen Marinade begießen.

3 | Die Keule herausheben und warm stellen. Sauce durch ein Sieb passieren und mit der Sahne 5 Min. köcheln lassen. Mehl mit kaltem Wasser anrühren und die Sauce binden. Mit Salz, Pfeffer und Hagebuttenmark abschmecken. Zu dem aufgeschnittenen Fleisch servieren.

im Bild vorne: **Damhirsch in Balsamico**   *im Bild hinten:* **Gamskeule mit Hagebutten** ➤

gelingt leicht

Frischlingsfilets mit Pinienkernen

FÜR 4 PERSONEN

- 100 g Pinienkerne
- 3 Scheiben Toastbrot
- 2 Päckchen TK-Kräuter »Italienische Art«
- 4 EL Olivenöl
- 2 Frischlingsrückenfilets (ca. 800 g)
- Salz | Pfeffer
- 500 ml Wildfond
- 1 EL Speisestärke
- 1 EL Orangenmarmelade
- Saft von 1/2 Orange

🕐 Zubereitung: 35 Min.
- Pro Portion ca.: 650 kcal

1 | Backofen auf 220° vorheizen. Pinienkerne grob mahlen; Toast zerbröseln, mit Kräutern, 2 EL Öl und Pinienkernen mischen.

2 | Das Fleisch von Sehnen befreien, salzen und pfeffern. Das restliche Öl in einem Bräter erhitzen. Filets kurz anbraten. Wildfond zufügen, mit Deckel aufkochen lassen und 8–10 Min. im Ofen (unten, Umluft 200°) garen.

3 | Den Fond durch ein Sieb in einen Topf abgießen. Die Pinienkernmasse auf den Filets verteilen und andrücken. Unter dem Grill des Backofens weitere 3 Min. goldbraun überbacken.

4 | Fond aufkochen. Speisestärke mit Wasser anrühren, die Sauce binden. Mit Orangenmarmelade, Saft, Salz und Pfeffer abschmecken.

herzhaft | macht was her

Frischlingsfilets im Speckmantel

FÜR 4 PERSONEN

- 2 Frischlingsrückenfilets (ca. 800 g)
- 250 ml Rotwein
- 8 Wacholderbeeren
- 8 Pfefferkörner
- 1 Thymianzweig
- 1 EL Preiselbeerkompott
- 5 EL Olivenöl
- 18 Scheiben durchwachsener Speck
- Salz | Pfeffer
- 1 EL Meerrettich-Senf
- 1 EL Aceto balsamico
- 250 g Sahne
- Küchengarn

🕐 Marinierzeit: 24 Std.
🕐 Zubereitung: 45 Min.
- Pro Portion ca.: 615 kcal

1 | Das Fleisch parieren, mit Rotwein übergießen. Wacholderbeeren und Pfefferkörner zerdrücken. Mit dem Thymianzweig, dem Preiselbeerkompott und 1 EL Olivenöl zum Fleisch geben und 24 Std. marinieren.

2 | Den Frischlingsrücken trockentupfen, Sud aufkochen und durch ein Sieb in einen Topf abgießen. Speckscheiben nebeneinander ausbreiten. Fleisch mit Salz und Pfeffer würzen. Mit Senf bestreichen, auf die Speckscheiben legen und einschlagen, mit Küchengarn umbinden. In 2 EL heißem Öl goldbraun anbraten. Bei schwacher Hitze unter mehrfachem Wenden 20 Min. garen, dabei öfter mit der Marinade begießen.

3 | Fleisch aus der Pfanne heben und in Alufolie wickeln. Bratensatz mit Balsamicoessig ablöschen. Sahne zufügen, 3–5 Min. köcheln lassen. Die Filets aufschneiden, mit der Sauce anrichten.

Frischlings-Steaks mit Kapern

FÜR 4 PERSONEN

➤ 4 Frischlingsrückensteaks
Salz | Pfeffer
1 EL Butterschmalz
1 Bund Frühlingszwiebeln
2 kleine Gewürzgurken
1 EL Bärlauchpesto
100 g Sahne | Muskatnuss
8 Apfelkapern (Glas)

🕑 Zubereitung: 30 Min.
➤ Pro Portion ca.: 265 kcal

1 | Das Fleisch salzen und pfeffern. Im heißen Butterschmalz kurz anbraten. Bei schwacher Hitze unter mehrfachem Wenden 8–10 Min. goldbraun braten. Frühlingszwiebeln putzen, klein schneiden; Gurken fein würfeln.

2 | Die Steaks in der Pfanne auf beiden Seiten mit dem Bärlauchpesto bepinseln und schwenken, warm stellen. Den Bratensaft mit 2 EL Gurkensud ablöschen. Zwiebeln zufügen und andünsten. Gurken und Sahne dazugeben und erhitzen. Mit Salz, Pfeffer und Muskatnuss würzen. Steaks und Apfelkapern im Gemüse erwärmen.

Frischlingskeule mit Honigglasur

FÜR 8 PERSONEN

➤ 2,5 kg Frischlingskeule
2 l Buttermilch
Salz | Pfeffer
2 EL Butterschmalz
1 Bund Suppengrün
10 Wacholderbeeren
3 Thymianzweige
1 Stück Zitronenschale
1 Stück Schwarzbrot
500 ml Wildfond
250 ml Rotwein
1 EL Honig | 1 EL Mehl
1 EL Hagebuttenmark

🕑 Marinierzeit: 2 Tage
🕑 Zubereitung: 20 Min.
🕑 Garzeit: 2 Std. 15 Min.
➤ Pro Portion ca.: 860 kcal

1 | Das Fleisch von Sehnen befreien, mit der Buttermilch übergießen und zugedeckt 2 Tage im Kühlschrank marinieren. Ab und zu wenden.

2 | Backofen auf 220° vorheizen. Das Fleisch abtrocknen, salzen und pfeffern. Butterschmalz in einem Bräter erhitzen. Die Keule mit der Fettseite nach unten hineinlegen. Kurz anbraten, dann im Backofen (unten, Umluft 200°) 20 Min. weitergaren.

3 | In der Zwischenzeit das Suppengrün putzen und würfeln. Das Gemüse mit Wacholderbeeren, Thymianzweigen, Zitronenschale, Brot und 250 ml Wildfond zugeben. Bei geschlossenem Deckel bei 180° 1 Std. 50 Min. garen. Den restlichen Fond mit dem Rotwein mischen und die Keule öfter damit begießen.

4 | Fleisch auf die Fettpfanne des Backofens legen. Mit Honig bestreichen, etwa 5 Min. bei 180° glasieren. Den Bratenfond in einen Topf passieren und aufkochen lassen. Mehl mit kaltem Wasser anrühren und die Sauce damit binden. Mit Salz, Pfeffer und Hagebuttenmark abschmecken. Das Fleisch mit der Sauce servieren.

Wildhase und Kaninchen

Der Hase und sein »kleiner Verwandter«, das Wildkaninchen, eignen sich hervorragend für schmackhafte Kreationen. Sollten Wildkaninchen nicht verfügbar sein, können auch die etwas kräftigeren Hauskaninchen verwendet werden. Frische Wildhasen sind den Jagdzeiten entsprechend von Oktober bis Jahresende erhältlich, während Kaninchen nahezu ganzjährig angeboten werden.

Blitzrezepte

Hasenspießchen

FÜR 4 PERSONEN

➤ 12 Rosenkohlröschen | Salz
4 Wildhasenfilets à 100 g | Pfeffer
16 Salbeiblätter | 16 Scheiben Bacon
2 EL Olivenöl | 1 EL Aceto balsamico
250 ml Wildfond | 1 TL Speisestärke
1 EL Johannisbeergelee

1 | Den geputzten Rosenkohl in kochendem Salzwasser 10–12 Min. blanchieren. Filets vierteln, pfeffern und mit einem Salbeiblatt belegt in den Schinken einwickeln.

2 | Rosenkohl mit den Fleischpäckchen auf Spieße stecken. In heißem Öl 10–12 Min. braten. Bratensatz mit Balsamico und Wildfond ablöschen. Speisestärke anrühren, Sauce damit binden. Mit Johannisbeergelee abschmecken.

Kaninchengeschnetzeltes

FÜR 4 PERSONEN

➤ 4 Schalotten | 2 Knoblauchzehen
600 g Kaninchenfleisch | Salz | Pfeffer
2 EL Olivenöl | 1 EL Estragonsenf
400 ml Gemüsefond | 200 g Sahne
1 Päckchen TK-Provence-Kräuter

1 | Schalotten und Knoblauchzehen schälen und fein hacken. Das Fleisch in feine Streifen schneiden und mit Salz und Pfeffer würzen.

2 | Das Geschnetzelte in heißem Öl goldbraun anbraten. Das Schalotten-Knoblauch-Gemisch und den Senf zufügen und 3 Min. dünsten. Mit dem Fond und der Sahne aufgießen und 10 Min. köcheln lassen. Mit den Kräutern würzen.

gelingt leicht | schnell

Hasenfilets mit Walnusskruste

FÜR 4 PERSONEN

➤ **50 g grob gemahlene Walnüsse**

2 EL Walnussöl

1 EL Waldhonig

4 Wildhasenfilets à 125 g

Salz | Pfeffer

1 EL Olivenöl

500 ml Wildfond

1 EL Speisestärke

1 EL Quittengelee

🕐 Zubereitung: 30 Min.

➤ Pro Portion ca.: 365 kcal

1 | Backofen auf 220° vorheizen. Walnüsse mit Walnussöl und Honig verrühren. Hasenfilets mit Salz und Pfeffer würzen. Im heißen Öl von jeder Seite 1–2 Min. goldbraun anbraten. Das Fleisch aus der Pfanne heben, auf eine feuerfeste Platte legen und mit der Walnussmasse bestreichen. Hasenfilets im Backofen (Mitte, Umluft 200°) 8–10 Min. goldbraun überbacken.

2 | Zwischenzeitlich das Bratfett mit dem Wildfond ablöschen und 5 Min. köcheln lassen. Stärke mit etwas kaltem Wasser anrühren und den Fond damit binden. Mit Salz, Pfeffer und Quittengelee abschmecken. Die Filets mit der Sauce servieren.

Klassiker | für Festtage

Hasenrücken in Bordeaux

FÜR 4 PERSONEN

➤ **4 Nelken**

10 Pfefferkörner

20 Wacholderbeeren

1 Zimtstange

500 ml roter Bordeaux

100 ml roter Portwein

2 Wildhasenrücken à 500 g

2 EL Olivenöl

250 ml Wildfond

25 g TK-Suppengrün

200 g Sahne

Salz | Pfeffer

4 Scheiben durchwachsener Speck

1 TL Speisestärke

1 EL Apfelgelee

🕐 Marinierzeit: 12 Std.

🕐 Zubereitung: 40 Min.

➤ Pro Portion ca.: 900 kcal

1 | Nelken, Pfefferkörner, Wacholderbeeren und die Zimtstange zerdrücken. Mit Rotwein und Portwein mischen. Das Fleisch von Häutchen befreien. Mit 1 EL Olivenöl bepinseln und mit dem Rotwein übergießen. Zugedeckt 12 Std. kalt stellen.

2 | Das Fleisch trockentupfen. Backofen auf 200° vorheizen. Marinade mit dem Wildfond und dem Suppengrün in einem Topf etwa bis auf die Hälfte einköcheln lassen. Sauce durch ein Sieb passieren, mit der Sahne verrühren und köcheln lassen, bis das Fleisch zubereitet ist.

3 | Die Hasenrücken mit Salz und Pfeffer würzen, in einem Bräter mit dem restlichen Öl braun anbraten. Die Fleischseite mit Speck belegen. Im Backofen (unten, Umluft 180°) 15 Min. braten. Speisestärke mit kaltem Wasser anrühren und die Sauce damit binden. Mit Salz, Pfeffer und Apfelgelee würzen. Das Fleisch aus dem Bräter nehmen, in Scheiben schneiden und mit der Sauce servieren.

im Bild vorne: **Hasenrücken in Bordeaux**   *im Bild hinten:* **Hasenfilets mit Walnusskruste** ➤

kalorienarm | mediterran

Kaninchen auf Gemüsebett

FÜR 4 PERSONEN

➤ 1 kleine rote Chilischote

2 Fenchelknollen

je 2 rote und gelbe Paprikaschoten

250 g Schalotten

5 Knoblauchzehen

1,5 kg Wildkaninchen

Salz | Pfeffer

6 EL Olivenöl

4 Rosmarinzweige

400 ml Geflügelfond

100 g schwarze Oliven (ohne Stein)

🕙 Zubereitung: 1 Std. 10 Min.
➤ Pro Portion ca.: 905 kcal

1 | Entkernte Chilischote in Streifen schneiden. Fenchel und Paprika putzen und achteln. Schalotten und Knoblauchzehen schälen. Backofen auf 180° vorheizen.

2 | Das Kaninchen in zwölf Teile schneiden. Mit Salz und Pfeffer würzen. In einem großen Bräter in 3 EL Olivenöl goldbraun anbraten, anschließend herausheben.

3 | Das restliche Öl in den Bräter geben. Die Schalotten darin glasig dünsten. Knoblauch, Rosmarin und Gemüse dazugeben. Mit dem Geflügelfond aufgießen und aufkochen lassen.

4 | Die Kaninchenteile im Bräter mit dem Gemüse bedecken. Geschlossen 30 Min. im Backofen bei 180° (unten, Umluft 160°) garen. Die Oliven zufügen und weitere 10 Min. braten.

➤ Beilage: Rosmarinkartoffeln oder frisches Baguette
➤ Getränk: kräftiger Weißwein

raffiniert | gelingt leicht

Kaninchenrücken mit Estragon

FÜR 4 PERSONEN

➤ 80 g durchwachsener Speck

2 Bund Frühlingszwiebeln

3 EL Olivenöl

125 ml Gemüsebrühe

4 mittelgroße Tomaten

8 Kaninchenrückenstücke à 80 g

Salz | Pfeffer

Mehl zum Bestäuben

3 TL Estragonsenf

200 g Sahne

2 Zweige frischer Estragon

🕙 Zubereitung: 40 Min.
➤ Pro Portion ca.: 615 kcal

1 | Den Speck sehr fein würfeln. Die Zwiebeln putzen und in Ringe schneiden. Speck in 1 EL Öl auslassen. Zwiebeln und Brühe dazugeben, etwa 5–8 Min. dünsten. Die Tomaten überbrühen, häuten, würfeln, zu den Zwiebeln geben und 5 Min. dünsten.

2 | Das Fleisch salzen, pfeffern und in Mehl wälzen. In dem restlichen Olivenöl 3 Min. goldbraun braten. Senf und Sahne zufügen und etwa 3–5 Min. dickflüssig einköcheln lassen, dabei das Fleisch einmal wenden.

3 | Kaninchenrücken aus der Pfanne heben. Das Tomaten-Zwiebelgemüse mit der Senf-Sahne mischen. Mit dem Fleisch und den Estragonblättchen anrichten.

Federwild

Kaum ein Wild-Stillleben kommt ohne diese attraktiven Vögel aus. Aber auch in der Küche sind Fasan, Wachtel und Wildente die Basis für schmackhafte Rezeptideen. Frisches Wildgeflügel ist – soweit es aus freier Wildbahn stammt – vornehmlich im Herbst und Winter verfügbar. Ob im Ganzen gebraten oder ausgelöst – schon mit kurzen Garzeiten lassen sich vielfältige Gerichte zaubern.

Blitzrezepte

Wildente mit Sprossen

FÜR 2 PERSONEN

➤ **Brust und Keulen von 1 Wildente** | **Salz**
Pfeffer | **1 TL Butterschmalz** | **3 EL**
Pflaumensauce | **3 EL helle Sojasauce**
Saft von 1 Limette | **2 EL gehackter**
Ingwer | **Koriander** | **200 ml Wildfond**
1 EL Saucenbinder | **250 g Sprossen**

1 | Fleisch mit Salz und Pfeffer würzen.
Die Keulen im Butterschmalz 7 Min.
braten. Brust dazulegen und 6–8 Min.
unter Wenden goldbraun braten.

2 | Pflaumensauce, Sojasauce, Limettensaft
und Ingwer mischen, mit Salz, Pfeffer und
Koriander würzen. Fleisch warm stellen.
Bratensaft mit Fond und Pflaumensauce
ablöschen. Die Sauce binden, Sprossen
und Fleisch zufügen, servieren.

Pikante Fasanenbrust

FÜR 4 PERSONEN

➤ **75 g Speck in Würfeln** | **2 fein gehackte**
Schalotten | **1/2 l Gemüsebrühe**
200 g rote Linsen | **4 Fasanenbrüste**
à 125 g | **Salz** | **Pfeffer** | **2 EL Butter-**
schmalz | **1 TL Meerrettichsenf** | **2 EL**
Crème fraîche

1 | Den Speck auslassen, Schalotten darin
glasig dünsten. Mit der Gemüsebrühe
ablöschen, Linsen darin 15 Min. köcheln
lassen.

2 | Das Fleisch mit Salz und Pfeffer wür-
zen, im Butterschmalz bei mittlerer Hitze
in 8–10 Min. goldbraun braten. Die Linsen
mit Senf, Crème fraîche, Salz und Pfeffer
verrühren. Mit dem Fleisch anrichten.

schnell | für Gäste

Wachtelbrüstchen auf Herbstsalaten

FÜR 4 PERSONEN

➤ 4 **Wachteln**
1 kleiner roter Eichblatt-salat | 400 g **Steinpilze**
2 EL **Aceto balsamico**
1 EL **Himbeeressig**
3 EL **Walnussöl**
7 EL **Olivenöl**
Salz | Pfeffer | Zucker
1 große Knoblauchzehe
50 g **Walnusskerne**
2 EL **gehackte Petersilie**

🕓 Zubereitung: 30 Min.
➤ Pro Portion ca.: 385 kcal

1 | Die Wachtelbrüste wie unten beschrieben mit der Küchenschere heraustrennen. Das Brustfleisch vom Knochen schneiden und mit den Keulen beiseite stellen. Die restlichen Teile der Wachtel können Sie für die Zubereitung eines kleinen Geflügelfonds verwenden (siehe Seite 8) und gegebenenfalls einfrieren.

2 | Den Salat waschen, in mundgerechte Stücke zupfen und abtropfen lassen. Die Steinpilze putzen und in Scheiben schneiden.

3 | Für die Vinaigrette Balsamico- und Himbeeressig mit Walnussöl und 3 EL Olivenöl verquirlen. Mit Salz, Pfeffer und Zucker würzen.

4 | Die Knoblauchzehe schälen, halbieren und eine Pfanne damit ausreiben. 2 EL Olivenöl darin erhitzen. Die Steinpilze im Öl goldbraun braten. Mit Salz und Pfeffer würzen.

5 | Inzwischen die Wachtelbrüste und -keulen salzen und pfeffern. 2 EL Olivenöl erhitzen und das Fleisch von jeder Seite 3 Min. braten.

6 | Die Wachteln herausnehmen und mit Alufolie abdecken. Den Salat mit der Vinaigrette in einer Schüssel mischen. Auf vier Tellern den Salat, die Pilze und die Wachtelbrüste und -keulen dekorativ anrichten. Mit den Walnusskernen und Petersilie bestreut servieren.

1 Vorbereiten
Flügel und Schenkel mit einer Küchenschere abtrennen.

2 Fleisch lösen
Das gesamte Brustteil ringsherum herausschneiden.

3 Ausbeinen
Mit dem Ausbeinmesser das Fleisch vom Rand zum Brustbein hin vorsichtig ablösen.

herzhaft | kalorienarm

Fasan mit Maronengemüse

FÜR 2 PERSONEN

➤ 1 Fasan
  Salz | Pfeffer
  2 EL Butterschmalz
  250 ml Wildfond
  150 g Staudensellerie
  1 EL Puderzucker
  1 EL Butter
  250 g gegarte Maronen
  1 EL Saucenbinder
  50 ml Madeira

🕐 Zubereitung: 40 Min.
➤ Pro Portion ca.: 1150 kcal

1 | Backofen auf 180° vorheizen. Den Fasan der Länge nach halbieren. Mit Salz und Pfeffer würzen. Butterschmalz in einem Bräter erhitzen und die Fasanhälften erst auf der Hautseite, dann auf der Innenseite 1–2 Min. anbraten. Den Fond zufügen, erhitzen und den Fasan im heißen Backofen (unten, Umluft 160°) im geschlossenen Bräter 30 Min. garen.

2 | Den Sellerie putzen und in kleine Stücke schneiden.

Den Zucker mit der Butter in einer Pfanne karamellisieren. Die Maronen darin schwenken, Sellerie zufügen, 5 Min. bissfest garen.

3 | Den Fasan aus dem Bräter heben und warm stellen. Den Fond mit dem Saucenbinder aufkochen und mit Salz, Pfeffer und Madeira abschmecken.

4 | Den Fasan mit Maronen und Sauce servieren.

für Gäste | macht was her

Fasanenbrust mit Pilzkruste

FÜR 4 PERSONEN

➤ 400 g Pfifferlinge
  3 Schalotten
  1 Bund glatte Petersilie
  1 EL Butter
  Salz | Pfeffer
  2 Scheiben Toastbrot
  4 ausgelöste Fasanenbrüste
  1 EL Butterschmalz
  200 g Sahne

🕐 Zubereitung: 45 Min.
➤ Pro Portion ca.: 565 kcal

1 | Pfifferlinge putzen. Schalotten schälen und mit der Petersilie fein hacken. Eine Pfanne erhitzen. Pilze hineingeben und braten, bis die Flüssigkeit verdampft ist. Butter zufügen und die Schalotten darin glasig dünsten. Petersilie unterheben, mit Salz und Pfeffer würzen. Die Hälfte der Pilzmischung in eine Schüssel geben und etwas abkühlen lassen.

2 | Backofen auf 180° vorheizen. Toastbrot ohne Rinde fein zerbröseln und mit den Pfifferlingen in der Schüssel vermischen.

3 | Fasanenbrust mit Salz und Pfeffer einreiben und in einem Bräter von jeder Seite 1–2 Min. im Butterschmalz anbraten. Die Pfifferling-Toast-Mischung auf dem Fleisch verteilen. Im Backofen (Mitte, Umluft 160°) 10–15 Min. überbacken.

4 | Die Sahne zu den restlichen Pfifferlingen in die Pfanne geben und etwas einköcheln lassen. Die Fasanenbrüste mit den Sahne-Pfifferlingen anrichten.

Klassiker | schnell

Wildentenbrust in Orangenlikör

FÜR 4 PERSONEN

➤ 4 Wildentenbrüste
  Salz | Pfeffer
  4 EL Orangenlikör
  6 Orangen (unbehandelt)
  2 EL Orangenkonfitüre
  1 EL Butterschmalz
  1 EL heller Saucenbinder

🕒 Zubereitung: 30 Min.
➤ Pro Portion ca.: 275 kcal

1 | Die Entenbrüste mit Pfeffer würzen und in 2 EL Orangenlikör marinieren. Orangen waschen. Von 1 Orange die Schale in sehr feinen Streifen abreiben. Saft von 4 Orangen, die Schale, den restlichen Likör und die Konfitüre erhitzen. Auf die Hälfte einköcheln lassen. Zwischenzeitlich 2 Orangen schälen und filetieren.

2 | Das Butterschmalz in einer Pfanne erhitzen. Die Entenbrüste salzen, von jeder Seite 2 Min. anbraten und bei schwacher Hitze von jeder Seite noch 3–4 Min. braten.

3 | Den Saucenbinder in die Orangensauce einrühren, aufkochen und die Orangenfilets zufügen. Das Fleisch aufschneiden und mit der Sauce servieren.

gelingt leicht | mediterran

Wildente mit Limettensauce

FÜR 2 PERSONEN

➤ 1 Wildente (etwa 850 g)
  Salz | Pfeffer
  2 unbehandelte Limetten
  1 kleine rote Chilischote
  6 EL Olivenöl
  4 Thymianzweige
  1 TL gemahlener Koriander
  400 ml Entenfond (ersatzweise Geflügelfond)
  2 EL Saucenbinder

🕒 Zubereitung: 20 Min.
🕒 Bratzeit: 1 Std. 15 Min.
➤ Pro Portion ca.: 715 kcal

1 | Backofen auf 220° vorheizen. Die Ente innen und außen mit Salz und Pfeffer einreiben. Limetten waschen, eine davon rundherum einstechen und in den Bauch der Ente schieben. Diesen mit Zahnstochern zustecken und mit der Brustseite nach oben in einen Bräter legen.

2 | Chilischote entkernen, in feine Streifen schneiden, mit 1 EL Öl in eine Schüssel geben. Beiseite stellen. Restliches Olivenöl, Thymianblättchen, Koriander und den Saft einer Limette verrühren.

3 | Die Wildente mit etwas Limetten-Würzöl bepinseln. Im geschlossenen Bräter im Backofen (unten, Umluft 200°) 15 Min. braten. Mit der Hälfte des Entenfonds begießen und weitere 60 Min. bei 180° (Umluft 160°) garen. Während des Bratens nach und nach mit dem restlichen Würzöl bepinseln.

4 | Ente auf eine feuerfeste Platte legen und 2–3 Min. unter dem Grill bräunen. Den Bratfond mit restlichem Entenfond erhitzen. Saucenbinder einrühren und aufkochen, mit Salz, Pfeffer und Koriander abschmecken. Die Limette aus der Ente nehmen. Das Fleisch mit dem Chiliöl bepinseln und mit der Sauce servieren.

Zum Gebrauch

Damit Sie Rezepte mit bestimmten Zutaten noch schneller finden können, stehen in diesem Register zusätzlich auch beliebte Zutaten wie Pilze oder Speck – ebenfalls alphabetisch geordnet und halbfett gedruckt – über den entsprechenden Rezepten.

Hinweis
Die Temperaturstufen bei Gasherden variieren von Hersteller zu Hersteller. Welche Stufe Ihres Herdes der angegebenen Temperatur entspricht, entnehmen Sie bitte der Gebrauchsanweisung.

Die Autorin

Sabine von Imhoff lernte Kochen und Haushaltsführung von der Pike auf. Nach Ausbildung zur Hauswirtschaftsleiterin war sie u. a. als Leiterin eines Schulungs- und Informationszentrums für Herde und Mikrowellen tätig, wo sie auch Gelegenheit zur Zusammenarbeit mit einem Drei-Sterne-Koch hatte. Die Autorin hat bereits etliche Kochbücher verfasst und hält neuerdings Vorträge zu Ernährungsfragen. Sabine von Imhoff ist verheiratet und Mutter von drei Kindern.

Der Fotograf

Michael Brauner Nach Abschluss der Fotoschule in Berlin arbeitete er als Fotoassistent bei namhaften Fotografen in Frankreich und Deutschland und machte sich dann 1984 selbstständig. Sein individueller, atmosphärereicher Stil wird überall geschätzt: in der Werbung ebenso wie bei vielen bekannten Verlagen. In seinem Studio in Karlsruhe setzte er die Rezepte zahlreicher GU-Titel stimmungsvoll ins Bild.

Bildnachweis

Alle Bilder Michael Brauner, Karlsruhe; außer: S. 6; S. 7 li, 2. v. re, re: Teubner; S. 7 2. v. li: Stockfood

© 2002 GRÄFE UND UNZER VERLAG GmbH, München

Redaktionsleitung: Birgit Rademacker
Redaktion: Stefanie Poziombka
Lektorat: Christa Botar
Satz und Herstellung: Verlagssatz Lingner
Layout, Typografie und Umschlaggestaltung: Independent Medien Design, München
Herstellung: Helmut Giersberg
Reproduktion: Repro Schmidt, Dornbirn
Druck und Bindung: Druckhaus Kaufmann, Lahr

ISBN (10)   3-7742-5462-1
ISBN (13) 978-3-7742-5462-6

5. Auflage 2006

Ein Unternehmen der
GANSKE VERLAGSGRUPPE

Das Original mit Garantie

Ihre Meinung ist uns wichtig. Deshalb möchten wir Ihre Kritik, gerne aber auch Ihr Lob erfahren. Um als führender Ratgeberverlag für Sie noch besser zu werden. Darum: Schreiben Sie uns! Wir freuen uns auf Ihre Post und wünschen Ihnen viel Spaß mit Ihrem GU-Ratgeber.

Unsere Garantie: Sollte ein GU-Ratgeber einmal einen Fehler enthalten, schicken Sie uns das Buch mit einem kleinen Hinweis und der Quittung innerhalb von sechs Monaten nach dem Kauf zurück. Wir tauschen Ihnen den GU-Ratgeber gegen einen anderen zum gleichen oder ähnlichen Thema um.

GRÄFE UND UNZER VERLAG
Redaktion
Kochen & Verwöhnen
Postfach 86 03 25
81630 München
Fax: 089/41981-113
e-mail: leserservice@graefe-und-unzer.de

Kochlust pur

Die neuen KüchenRatgeber – da steckt mehr drin

ISBN (10)　　　3-8338-0299-5
ISBN (13) 978-3-8338-0299-7

ISBN (10)　　　3-8338-0306-1
ISBN (13) 978-3-8338-0306-2

ISBN (10)　　　3-8338-0308-8
ISBN (13) 978-3-8338-0308-6

Preis
je Band:
7,50 €

ISBN (10)　　　3-8338-0318-5
ISBN (13) 978-3-8338-0318-5

ISBN (10)　　　3-8338-0317-7
ISBN (13) 978-3-8338-0317-8

ISBN (10)　　　3-8338-0322-3
ISBN (13) 978-3-8338-0322-2

Das macht sie so besonders:

Neue mmmh-Rezepte – unsere beste Auswahl für Sie

Praktische Klappen – alle Infos auf einen Blick

Die 10 GU-Erfolgstipps – so gelingt es garantiert

Willkommen im Leben.

MENGENLEHRE

> Rechnen Sie pro Person als Hauptgericht 150–200 g Fleisch (ausgelöst), bei Stücken mit Knochen ca. 350 g. Als Vorspeise ist jeweils die halbe Menge ausreichend.

1

Geling-Garantie für Wildgerichte

»KNOCHENARBEIT«

> Wenn Sie selbst weniger darin versiert sind, ein Stück Wild küchenfertig vorzubereiten, lassen Sie im Bedarfsfall die Knochen bereits im Laden bzw. beim Wildbrethändler auslösen. Zur Zubereitung von Sauce oder Fond sollten Sie sich die Karkasse jedoch mitgeben lassen.

4

RICHTIG BRATEN

> Gleichmäßige Hitzeverteilung und Bräunung erzielen Sie am besten in einem schwarzen gusseisernen Bräter. Größere Stücke, die nicht in den Bräter passen, sollten Sie regelmäßig mit Bratensaft, Brühe oder Wildfond begießen oder auch mit Speckscheiben belegen.

7

FEINER FOND

> Eine besonders delikate Sauce erhalten Sie wenn Sie als Bratflüssigkeit statt Wasser Wildfond verwenden. Die Zubereitung von Wildfond ist auf Seite 8 genau beschrieben. Fertiger Wildfond aus dem Glas stellt eine praktische Alternative dar.